AF247981

COUR IMPÉRIALE D'ANGERS.

—

ATTENTAT

CONTRE LA COMMUNE D'ANGERS.

—

ACTE D'ACCUSATION.

La nuit du 26 au 27 août 1855 restera dans nos annales judiciaires, marquée d'un souvenir néfaste et douloureux.

Tandis que sous la protection d'un gouvernement puissant et populaire, dans la confiance que lui inspirait la vigilance de ses Magistrats, une ville de cinquante mille âmes, pleine de sécurité, se livrait au repos de la nuit, une horde tumultueuse de bandits altérée de sang et de pillage, lui apportait au milieu de son sommeil la dévastation, l'incendie et la mort.

Des malheurs, que rappellent à peine les souvenirs des siècles les plus barbares, ont failli fondre tout à coup sur Angers tout entier, sur une population calme et confiante, de mœurs laborieuses et douces, amoureuse avant tout de l'ordre et de la tranquillité dont elle jouit aujourd'hui, troublée à peine dans nos agitations récentes par quelques esprits turbulents et mal inspirés, dont il lui a toujours été facile de comprimer les mauvais desseins ou de déjouer les coupables tentatives.

1856

On se demande avec stupeur où les odieux fauteurs d'une si exécrable entreprise ont pu trouver à se recruter dans ces temps de calme et d'honnêteté publique, dans cette heureuse contrée où le travail abonde et fait à tous une existence facile, dans une population qui n'a jamais manqué de voir, aux instants de gêne ou de souffrance, le dévoûment et la charité prêter aux malheureux les plus empressés secours ?

Depuis un certain temps, la justice ne l'ignorait pas, les idées de désordre avaient pris autour de nous de funestes développements. Des théories absurdes, que l'on a décorées du nom de socialisme, et qui n'aboutissent en réalité qu'à la destruction de la société elle-même, ont été acceptées par la partie mauvaise des populations, parce qu'elles flattent et satisfont leurs détestables instincts. On leur montre en perspective le bien de ceux qui possèdent, comme une proie qu'ils ont droit de se partager.

Une société secrète déjà fameuse a puissamment contribué à exciter dans les esprits vulgaires et peu éclairés ces révoltes de la jalousie et de l'orgueil. *La Marianne*, en effet, multipliait au milieu de nous ses adeptes. La justice avait pu déjà saisir et frapper quelques-uns d'entre eux ; mais les passions mauvaises, avant d'arriver à l'action, s'agitent longtemps dans le mystère et l'ombre, au sein desquels il est le plus souvent difficile de pénétrer. Aussi, les préoccupations avouées des esprits clairvoyants semblaient à beaucoup de gens, rebelles à l'évidence même, n'être que des rêves sans réalité ; les menaces parfois entendues n'étaient pour eux que des paroles sans intention et sans importance ; le danger signalé n'était qu'un fantôme ; et c'était assez du calme et de l'assurance qu'ils montraient pour faire ce fantôme s'évanouir à leur gré.

L'attentat commis à Angers dessillera certainement tous les yeux ; il jette, grâce au ciel, une éblouissante lumière sur les ténébreux complots qui menacent la société ; il a fait sortir de leur fange impure et monter jusqu'à nous ces malfaiteurs vulgaires qui s'agitaient dans l'ombre et dont on niait l'existence ou les projets. Nous avons entendu leur atroce langage ; nous avons vu leurs œuvres criminelles : celui-là serait un insensé qui douterait encore des dangers qui nous entourent et nous pressent !

Avant les œuvres qui se sont produites, il convient d'examiner le langage que tiennent ouvertement ces ennemis de l'ordre social. Ce langage nous le retrouverons dans le serment de la société secrète dont nous avons parlé; dans les proclamations séditieuses que l'on a trouvées affichées, ou dans les lettres confidentielles qui ont été saisies; nous l'entendrons enfin dans la bouche même de l'un des principaux accusés, de celui qui marchait à la tête de la bande armée par qui nous avons été envahis et qu'il avait haranguée dans un style sans détour et sans feinte au moment du départ.

Le serment de *la Marianne* nous est révélé sans hésitation par plusieurs de ceux mêmes qui l'ont prêté. Il a, suivant les circonstances, offert plusieurs variantes depuis quelques années: mais quelle qu'ait été sa formule, il a toujours eu pour but d'enlever celui qui le prête à son libre arbitre; de l'obliger à sacrifier sa famille et lui-même pour seconder les entreprises les plus criminelles; de le conduire à l'assassinat, s'il devient utile; et dès lors le poignard, sur lequel l'adepte a juré, doit servir à le frapper lui-même, s'il révèle jamais le secret de la ténébreuse association.

Devant un engagement aussi odieux et coupable, il semble que tout homme eût dû reculer, pourvu qu'il eût encore quelque sentiment de pudeur, quelque lueur d'honnêteté et d'intelligence. Il est triste assurément de penser qu'en France, que dans nos paisibles contrées surtout, le nombre des adhérents à de pareilles maximes a été considérable, effrayant : funeste entraînement des idées de désorganisation et de troubles! Partout autour de nous se connaissent et se comptent ces ennemis de l'ordre social, ces vandales enrégimentés, qui se disent prêts à marcher au premier signal. Au moment où s'accomplissait l'attentat dont nous avons failli devenir les victimes, le mot d'ordre était donné dans un certain nombre de localités qui nous environnent. On les a senties à cette heure travaillées par une émotion sourde et violente, à travers laquelle les plus affreux projets se faisaient jour et se manifestaient.

Ainsi, à Montsoreau, le jour même de l'insurrection d'Angers, on comptait ouvertement les maisons à livrer au pillage, et l'on désignait tout haut les têtes à sacrifier. La seule nouvelle de l'insuccès essuyé par nos insurgés a fait rentrer dans l'ombre et le silence toutes ces aspirations violentes et tumultueuses, qui n'attendaient qu'une occasion pour se traduire en actes criminels. Ces hommes, qui n'ont été coupables qu'en projet, auront à répondre d'eux-mêmes devant une autre juridiction.

A Montrevault, le 4 septembre, un placard affiché pendant la nuit soulevait l'indignation des gens honnêtes : « A la pro-
» chaine reprise, y lisait-on, nous tâcherons d'attaquer le prin-
» cipal. Nous croyons que dix mille hommes bien armés comme
» nous sommes, feront bien trembler le département.... Pas
» de noblesse ! Pas de clergé ! leur bien se vendra, comme l'on
» a déjà fait. Au premier coup, nous sommes prêts ! »

A Chalonnes, une lettre était saisie le 5 septembre, qui, sans porter de date et sans signature, doit être antérieure aux événements qui venaient de s'accomplir : « Notre soulève-
» ment est pourtant fixé, dit le correspondant anonyme ; il sera
» le jour de la lettre R connue dans notre conspiration. Ce
» même jour et même heure, les quatre parties de la France
» crieront : A bas les tyrans !... le feu dans tous les quartiers !
» le pillage, le sang de tous ceux qui veulent nous faire mourir
» de faim ! C'est le seul cri adopté ! »

Dans une autre ville, le 1er septembre, autre placard séditieux : « Vive la république rouge ! Vive *Charlotte* pour les
» bourgeois !... Sous peu de temps, *Charlotte* fera son jeu.
» Nous sommes ici plus de quinze cents prêts à nous révolter ! »

Devons-nous ajouter que les communes rurales elles-mêmes sont, en partie du moins, envahies à leur tour par le même fléau ; et que l'appât du pillage que l'on promet vient arracher les cultivateurs eux-mêmes à leurs mœurs laborieuses et paisibles ? « Nous sommes plus de dix mille en ce pays, disait
» dernièrement l'un d'eux dans une confidence, dont le secret

» est venu aux oreilles de la justice. Au signal donné, nous
» nous lèverons en masse, et nous détruirons les municipa-
» lités, le clergé et la noblesse. *On nous promet ensuite trois*
» *ou quatre jours de pillage; et l'ordre rétabli, nous ren-*
» *trerons dans nos foyers.* »

Dans un pareil langage, il faut bien le dire, le crime semble
s'élever jusqu'à la folie. Mais ce qui doit en lui frapper surtout
la France tout entière, c'est le danger que créent pour elle ces
épouvantables doctrines, alors qu'elles sont acceptées sans indignation par tant d'hommes, de qui la société, semble-t-il,
ne devrait rien avoir à redouter.

Ainsi, lorsqu'au moment de conduire sur Angers les six ou
sept cents hommes que le projet conçu contre la ville avait
réunis dans les plaines de Trelazé, *Allibert*, leur chef, pro-
nonça devant eux une harangue, ses paroles ne dissimulèrent
rien des intentions odieuses qu'il s'agissait de réaliser : « La
» république démocratique et sociale est proclamée, s'est-il
» écrié. La France entière est en révolution. *Nous pouvons à*
» *présent piller et voler à notre aise.* En avant ! Celui qui re-
» culera sera fusillé. »

Et l'on a marché, l'on a suivi le chef qui venait de tenir un
pareil langage ! Et pas une voix, pas une ! ne s'est élevée pour
protester contre cet infâme programme ! Tous sont venus vers
la ville qu'on leur désignait comme une proie facile, prêts sans
doute à prendre leur part des crimes annoncés et du butin
promis !

Il faut cependant reconnaître, parmi ces instincts grossiers
et violents que mettait en mouvement l'attrait du pillage, une
pensée plus réfléchie et plus perfidement calculée pour assurer
le succès de la révolte et tâcher d'en prolonger la durée. Ce
n'était pas assez sans doute de faire irruption pendant la nuit
sur la ville, de la surprendre dans son sommeil et de la traiter
en conquérant impitoyable pendant quelques heures ; il fallait
songer encore à s'y maintenir, en attendant que l'exemple ainsi
donné fût imité ailleurs, et que l'incendie du désordre eût
couvert le pays entier.

Aussi, dans ce but désormais incontestable, c'est sur le château d'Angers que s'était concentrée la pensée de ceux qui présidaient à l'action générale ; c'est lui d'abord dont ils méditaient de s'emparer par une ruse combinée avec la violence, en se proposant d'y pénétrer sous le costume des gendarmes de Trelazé qu'on voulait dépouiller pour ce but ; et tandis qu'on livrait aux mains avides des pillards les riches demeures des propriétaires et les somptueux magasins des commerçants, c'était dans la citadelle que la sédition établissait son siége, d'où elle pouvait appeler à la soutenir dans une lutte sérieuse, tous ceux qui rêvent le désordre et le bouleversement.

Cette lutte sanglante, cette révolte audacieuse n'eut pas manqué de s'étendre et de s'allumer de toutes parts... — Pourquoi le point de départ s'est-il fixé à Angers ? Pourquoi la tentative insensée et criminelle n'a-t-elle pas, comme on le proclamait dans cette nuit fatale, éclaté partout à la fois ? Y a-t-il eu méprise dans les ordres transmis ou impatience désordonnée dans l'exécution ? Là sans doute est le secret des principaux coupables ; l'avenir peut-être nous viendra le révéler.

Ce que nous savons aujourd'hui, c'est qu'un émissaire de cette troupe factieuse est allé à Paris dans les jours qui ont immédiatement précédé l'attentat, et qu'aussitôt après son retour, qui eut lieu la veille même, le bruit se répandit avec rapidité sur les carrières, que *Secrétain* était arrivé de Paris et qu'il apportait pour le 27 l'ordre du soulèvement général.

L'accusé *Secrétain* semble avoir joué le rôle de l'organisateur politique, et *Attibert,* son principal lieutenant, celui du chef militaire de cette abominable expédition. Le premier, homme médiocre et peu énergique, affecte un langage sentencieux, et cherche à revêtir de mots retentissants et de formules sonores les vulgarités de sa pensée et les nullités de son esprit. Il apporte jusque dans les réponses de ses interrogatoires ce style prétentieux et factice ; et bientôt même il refuse de répondre, en proclamant fastueusement qu'il s'est dévoué pour le bonheur du peuple et qu'il ne regrette pas de succomber victime de ce dévouement.

Attibert est l'homme d'action, résolu, violent, implacable. Son discours dans les plaines le peint tout entier. Il offre à ceux qui le suivent le pillage pour récompense ; il promet à ceux qui reculeraient la mort pour châtiment.

Ce fut le samedi 18 août que *Secrétain* se rendit à Paris. C'est vraisemblablement la société de *la Marianne* qui a soldé les frais de son voyage. Quelques jours avant son départ, dans le cabaret du nommé *Sarrazin*, l'un des accusés, il lui fut remis un sac d'argent par une sorte de comité composé des accusés *Allibert, Pasquier* et *Bazile Jean*.

Ce qu'il a fait à Paris pendant huit jours entiers qu'a duré son absence, il refuse absolument de le faire connaître. Il n'a fait ce voyage, dit-il, que pour son plaisir ; et il ne veut désigner ni la maison où il a logé, ni la rue et le quartier où elle est située, ni le nom d'une seule des personnes qu'il y a vues.

Il revient à Angers le samedi 25, et tout aussitôt on le voit en compagnie de l'un des hommes les plus compromis de la ville, qui jusqu'à ce jour a su se dérober aux recherches de la Justice.

A peine *Secrétain* a-t-il reparu, qu'un bruit se répand aussitôt parmi les conjurés. On se redit de toutes parts qu'il a pris à Paris le mot d'ordre, et que le soulèvement général est résolu pour la nuit du dimanche au lundi, du 26 au 27 août. Ce bruit circule avec assurance et certitude ; et de même que peu de jours auparavant les accusés *Fauveau, Teneu père* et *Maurat* disaient hautement que *le grand coup allait bientôt être porté* ; de même, à partir du retour de *Secrétain,* nul n'hésite à prendre et donner rendez-vous dans ce but pour la soirée du dimanche.

C'est bien sans doute dans la commune de Trelazé, au sein de la population des ouvriers de carrière, que les chefs de l'insurrection comptaient réunir les forces les plus imposantes ; mais le complot avait étendu et multiplié ses ramifications dans les communes voisines, et la population des Ponts-de-Cé devait également fournir un nombreux contingent. Angers, de son côté, avait promis un secours efficace et résolu. Dans notre ville, où la Justice a déjà découvert et puni plus d'un membre de *la Marianne,* on trouvait le concours énergique de tous les hommes perdus à l'avance par d'abominables doctrines, de ces hommes connus depuis longtemps par la Justice, et qu'elle n'a pas été surprise de retrouver et de saisir aux premiers rangs des auteurs de cet attentat désespéré.

Après leur avoir donné le mot d'ordre dès le samedi, *Secrétain* s'était rendu le dimanche sur les carrières, au centre de son action. Là, on l'avait vu pérorer au milieu de ses affidés; et, vers deux heures, il les quittait, en annonçant qu'il se rendait en ce moment aux Ponts-de-Cé.

On s'était préparé à l'avance : l'ordre transmis trouva chacun tout prêt. Les plans arrêtés, autant du moins que l'information les a fait connaître, dénotent plus d'audace que d'habilité, plus de sécurité que de prudence. Convoquées et réunies dans les plaines de Trelazé, les bandes armées devaient marcher sur Angers vers deux heures du matin. A l'entrée des premières rues, devaient se trouver rassemblés en masse tous les conjurés de la ville. On s'emparait du château ; on surprenait la caserne ; on envahissait la préfecture ; la banque et la recette générale n'étaient point oubliées dans ces hardis projets; et maîtres alors des points les plus importants, les pillards se répandaient dans la ville, qu'ils devaient livrer eux-mêmes à l'incendie, s'il en était besoin pour paralyser la résistance des habitants.

A quoi a-t-il tenu que d'aussi abominables dessins ne fussent exécutés ! On croyait surprendre la ville endormie et l'autorité sans défiance. A peine aurait-on à lutter, à combattre. On tenait le succès pour certain.

La Providence n'a pas voulu qu'il en fût ainsi. Elle a permis à ces misérables d'accomplir leur crime, et de s'y avancer autant qu'il leur était possible sans qu'un seul malheur restât à déplorer, sans qu'une goutte de sang fût répandue, même dans les rangs de nos odieux agresseurs.

De vagues rumeurs et des renseignements incertains avaient suffi pour mettre l'autorité sur ses gardes. Tout en refusant de croire à l'exécution d'un complot si audacieux, si insensé, elle avait dû prendre les mesures de prudence et de sûreté que la situation rendait nécessaires. La police était avertie, la garnison consignée; la gendarmerie, dont le dévouement est toujours sans bornes, était partout; et les fonctionnaires principaux des ordres civil et militaire étaient réunis autour du premier Magistrat du département.

Grâces soient rendues à tous pour le concours énergique et dévoué que tous ont apporté, chacun dans la limite de ses fonctions et la mesure de ses forces ! Dans ces circonstances suprêmes, nul n'a manqué à son devoir ; nul n'est resté au dessous du grand rôle qu'il avait à remplir. C'est à la justice aujourd'hui, c'est au jury qu'il appartient de s'élever à son tour à la hauteur du sien.

Cependant la soirée s'avançait, et nul indice de trouble et de violence ne semblait se révéler. Les conjurés attendaient, avec patience et calme, l'heure qui devait les réunir, pour se porter au-devant des bandes de Trelazé et leur prêter une énergique coopération.

Minuit approchait, lorsque la police reconnut qu'un rassemblement silencieux commençait à se former sur la promenade du Mail. Aussitôt quatre inspecteurs se glissent avec précaution dans l'ombre des arbres; et tout-à-coup, sans consulter le danger ni les chances d'une lutte possible, tous les quatre se précipitent résolument, au pas de course, sur un groupe compact d'une quarantaine d'hommes, qui presque tous étaient armés. Ainsi surpris à l'improviste, ces malfaiteurs ne devaient point songer à résister ; l'heure de la lutte n'était point arrivée; et la commencer en ce moment eût été compromettre le succès d'une entreprise, qui semblait assurée à l'heure convenue. Le groupe se dispersa donc aussitôt, chacun fuyant dans toutes les directions; et profitant alors de leurs avantages, les agents de la force publique parvinrent à pratiquer successivement plusieurs arrestations.

Là furent saisis quelques-uns des accusés, que l'on ne doit pas s'étonner, en raison de leurs antécédents, de retrouver en celle occurence. Ce sont les nommés *Guérin*, déjà condamné pour provocation à la révolte, et qui était armé d'une lance au moment de son arrestation ; les deux *Frouin*, socialistes ardents ; le plus jeune avait dans les mains une hache dont il a menacé l'agent qui s'emparait de lui ; *Chauvin*, ancien condamné de *la Marianne*, et *Harrouin*, condamné également pour cris séditieux ; tous les deux, à l'instant de leur arrestation, avaient leurs poches chargées de pierres.

Dans ce même moment, par une circonstance qu'on peut dire providentielle, l'accusé *Secrétain* était également arrêté, porteur d'un fusil. Tandis qu'*Attibert* se mettait, ainsi que nous allons le voir, à la tête des conjurés, venus à la fois de Trelazé et des Ponts-de-Cé, *Secrétain* avait pris la mission de venir diriger ceux de la ville, et de les conduire au-devant des premiers, afin d'agir au moment venu avec tout l'ensemble désirable. C'était dans le faubourg de la Madeleine que la rencontre devait s'opérer ; et l'on verra bientôt l'influence qu'a produite sur l'événement lui-même l'épisode important que nous venons de rapporter, lorsque l'hésitation et l'incertitude envahirent les rangs des insurgés étrangers, qui ne trouvèrent pas à leur arrivée ceux de la ville aux lieux assignés pour le rendez-vous.

Ces arrestations ainsi opérées, le caractère et l'attitude de ceux dont on venait de s'emparer ne devaient plus laisser aucun doute dans l'esprit des magistrats sur la réalité de l'entreprise annoncée. Des mesures énergiques furent prises à l'instant même. La troupe fut conduite dans le faubourg par lequel les insurgés devaient arriver sur la ville, et répartie dans les rues adjacentes. M. le général d'Angell de Kleinfeld la commandait en personne. M. le Préfet se tenait sur les lieux, entouré des magistrats des parquets de la Cour et du Tribunal, des officiers de la gendarmerie, des commissaires de police et de plusieurs autres fonctionnaires qui venaient prêter à l'autorité principale le concours de leur présence et l'appui de leur dévouement. Des éclaireurs furent envoyés sur la route, et l'on attendit ainsi le moment suprême, le moment d'une lutte qui pouvait être acharnée et sanglante, mais dans laquelle on ne devait pas craindre de succomber, ayant pour soi la loi, le droit, la justice et l'honnêteté.

Pendant ce temps les événements avaient marché à Trelazé. Vers dix heures du soir, les affidés de la *Marianne* se trouvaient déjà en nombre suffisant pour agir; et parmi ceux que l'information a fait connaître comme les chefs de l'insurrection, les accusés *Attibert, Coué* et *Gazeau* décidèrent de commencer aussitôt l'attaque de la caserne de la gendarmerie. Un rassemblement déjà nombreux se présenta devant la porte, au seuil de laquelle se tenaient alors le brigadier et les gendarmes de la brigade, en compagnie du garde champêtre de la commune. Des pourparlers eurent lieu; des efforts furent tentés pour apaiser l'irritation croissante à chaque instant des agresseurs. Aux premiers rangs de ceux-ci se trouvait l'accusé *Teneu père;* il portait sous sa blouse un objet, qui fut facilement reconnu pour être un pistolet. Le brigadier et le garde champêtre Chesneau l'arrêtèrent, et se saisirent de son arme; cette arme était chargée.

L'arrestation de *Teneu* sembla porter à son comble l'exaspération de la foule. Elle demanda violemment sa mise en liberté. Parmi les plus acharnés alors se distinguait l'accusé *Girard*. Quelques promesses furent faites de se retirer, si les gendarmes consentaient à relâcher leur prisonnier. *Teneu* fut autorisé à sortir par les derrières de la caserne; mais tout aussitôt cet homme fit un détour et vint rejoindre les assaillants, qui se montrèrent, à partir de ce moment, plus résolus et plus violents que jamais. Les gendarmes furent contraints de rentrer dans leur caserne et d'en fermer les issues. Alors un véritable assaut commença. Des actes de violences de toute nature furent accomplis; un coup de fusil fut tiré dans la porte; et la balle, après l'avoir traversée, passa près d'un gendarme pour aller se perdre dans le jardin. C'est l'accusé *Blet,* qui, d'après plusieurs témoignages, a tiré ce coup de feu. Bientôt des moyens plus énergiques encore sont employés, et la porte cède sous les coups de hache répétés de l'accusé *Guy*. Alors les gendarmes se retirent, après avoir fait s'enfuir leurs familles ; et tandis que l'un d'eux franchit le mur qui sépare le jardin des champs, deux coups de feu sont tirés sur lui sans qu'il soit atteint. Dès cè moment, la caserne est envahie et livrée au pillage ; on cherche partout les armes de toute espèce et les munitions, et les assaillants s'en emparent. Les carabines des gendarmes, leurs sabres et leurs buffleteries, l'épée du brigadier ont été vus ou saisis plus tard aux mains de plusieurs des accusés.

Parmi ceux qui se sont fait remarquer par le plus de violence dans cette attaque de la caserne, l'information signale, après ceux que nous venons de nommer, les accusés *Pasquier, Fauveau, Bridier, Janvier, Houdebine, Lemeunier, Leroy, et Sarrazin.*

Le premier acte de l'expédition se trouvait accompli, et l'on avait dispersé les quelques agents de la force publique dont on eût pu craindre l'intervention ou la surveillance. Le maire, dont l'énergie bien connue eût fait un obstacle de plus à ces coupables entreprises, était absent de la commune, par une regrettable coïncidence ; on put alors continuer sans résistance l'œuvre ainsi commencée. Il fallait des armes et des munitions ; on en chercha et l'on en prit partout où cela fut possible, dans les maisons particulières, aussi bien que dans les magasins des carrières.

Ainsi une bande pénétra dans les bâtiments des Fresnaies ; le magasin à poudre fut ouvert à l'aide d'une fausse clé, dont l'information établit l'existence aux mains de l'accusé *Trideau*, employé de cette carrière, et l'on s'empara d'une certaine quantité de poudre de mine, dont l'usage devait se trouver au besoin dans l'attaque de la ville. *Trideau* seul est signalé dans cette expédition par la procédure.

Les magasins de l'Hermitage ont été envahis de la même manière par une bande nombreuse, dans laquelle se sont montrés les accusés *Pasquier, Deshayes, Hamard, Groussin, Bridier et Laillié.* Une grande quantité de poudre de mine en a encore été enlevée ; des haches, des outils propres à l'attaque ont été pris ; et pour transporter ces masses de munitions et d'armes, un cheval choisi dans les écuries a été attelé à une charrette de l'établissement, sur laquelle ont été accumulés tous ces moyens de destruction que l'on traînait vers Angers, c'est-à-dire plus de deux cents kilogrammes de poudre, des mèches, des outils de toutes sortes, et, ce qu'il faut noter, des leviers, des tarières, des pinces; ce qui fesait les accusés armés plutôt comme des voleurs que comme des soldats. C'est l'accusé *Hamard* qui s'est fait le conducteur de la charrette ainsi chargée jusque dans l'intérieur de la ville.

A partir de ce moment, les maisons des particuliers sont envahies par la violence et dépouillées des armes que l'on y trouve.

Chez M. Baudouin, régisseur de la carrière de l'Hermitage, divers actes de violence sont accomplis, et l'on enlève de sa maison deux pistolets, les seules armes qu'il possède. Dans cette circonstance sont signalés les accusés *Pasquier, Lapierre* et *Bridier*.

M. David, le maire de Trelazé, était absent. Mme David voit tout à coup sa maison envahie, et les assaillants s'emparent de deux fusils — appartenant à son mari. Là se montre encore *Attibert* ; et près de lui Mme David reconnaît également l'accusé *Auray*.

C'est toujours *Attibert* qui conduit la bande, quand elle se présente chez M. Bouillé, auquel on enlève à son tour un fusil, qu'il ne cède qu'à la force.

Le sieur Gasnier, sous la pression de semblables violences, livre un fusil, un sabre, une giberne aux accusés *Bardou, Boilême* et *Plumelet,* qui s'en partagent la possession.

La maison de M. Pion, lieutenant des pompiers, est également assiégée. Il se cache, pour n'être pas entraîné par les assaillants ; ceux-ci pénètrent chez lui, et du fond de sa cachette, il aperçoit *Auray,* qui brandit, à la tête de la bande, un sabre dont il vient de s'emparer.

Le sieur Hamon s'est vu à son tour assailli dans sa maison et dépouillé de ses armes. *Pasquier* et *Deshayes* étaient les directeurs de l'attaque ; ce dernier, armé d'un fusil.

Les époux Gaultier ont été contraints également de remettre leurs armes aux mains d'une bande nombreuse, dans laquelle figuraient les accusés *Attibert, Gazeau, Girouard, Lemeunier, Manceau François, Thébeau* et *Maurat*.

Chez Defaye, il y a eu deux scènes d'une égale violence. Vers minuit, plusieurs malfaiteurs se présentent chez lui. C'est *Pointeau*, son voisin, presque son ami, qui les conduit. On envahit son domicile ; et, la menace à la bouche, on réclame la remise de ses armes. Defaye livre un pistolet. On insiste alors ; on prétend qu'il a d'autres armes encore. Les menaces redoublent ; on bouleverse sa maison ; l'accusé *Michel Négrier* fouille les lits pièce à pièce ; il faut que *Pointeau* intervienne encore, pour que la troupe cesse enfin ses violences et se retire. *Lemeunier* faisait partie de cette expédition.

Vers trois heures du matin, la maison du sieur Defaye est envahie de nouveau. Cette fois c'est l'accusé *Lapierre* qui dirige la bande. Il veut que Defaye le suive à Angers, et il commande six hommes pour l'entraîner de force ; ce qui est exécuté. De ces six hommes, deux seulement sont désignés par le témoin ; ce sont les accusés *Maingot* et *Roméo*. Il résulte de l'interrogatoire même de *Maingot*, que l'accusé *Boulitreau* a pris en cette circonstance une large part dans les violences exercées sur le sieur Defaye.

Une scène analogue a lieu chez le sieur Houdin, où sont seulement reconnus les accusés *Gazeau* et *Denis*. Le sieur Houdin hésite à livrer ses armes ; il est aussitôt accablé des plus violentes menaces ; et *Gazeau*, armé déjà d'un fusil, le met en joue à diverses reprises, et lui crie enfin : c'est la troisième sommation ; donne vite, ou tu es perdu.

Par les mêmes moyens de violences ou de menaces, sont successivement dépouillés de leurs armes, le sieur Bretais, par les accusés *Deshayes, Boilême* et *Plumelet* ; — Le sieur Louis Lebreton, par *Aubry, Chéreau, Groussin, Ubarin fils, Teneu fils* et *Maillard* ; — Le sieur Sallé, par *Laillié, Maillard* et *Richard père* ; — Le sieur Sigogne enfin, par les accusés *Gazeau, Maurat, Cachet* et *Maillard*.

Le domicile de deux autres personnes, les sieurs François Lebreton et Minot, a de même été envahi par la violence et la menace; mais il n'a pas été trouvé d'armes en leur possession. Chez le premier figurait *Lapierre*; et chez le second, *Joseph Martineau*.

Il nous faut passer sous silence bien d'autres faits semblables, accompli de la même manière, avec les mêmes menaces et les mêmes actes de violences; des portes défoncées, des fenêtres brisées; des habitants paisibles, arrachés de leurs lits et traînés sans vêtements loin de leur demeure. Pour ces actes, les coupables n'ont pas été reconnus par les victimes; ou peut-être la terreur a paralysé les témoignages, et la justice reste impuissante sur ce point.

Mais nous devons du moins parler d'une dernière scène, dans laquelle deux témoins ont montré un courage digne d'éloges. Les époux Auzanne voient tout à coup leur maison assiégée par une horde de ces bandits; on les menace de mort, s'ils n'ouvrent leur maison; mais, au lieu d'obéir, la femme barricade fortement la porte, de manière à résister à de violents efforts. Auzanne de son côté monte à l'étage supérieur; et par une fenêtre, il lance résolument sur les assiégeants les projectiles qu'il a sous la main. Il est à son tour assailli de pierres, dont l'une l'atteint à l'épaule. Un premier coup de feu est tiré sur lui; mais l'amorce brûle seule. Un second coup fait explosion, aux applaudissements de cette foule barbare; mais il n'atteint pas Auzanne, qui s'est dérobé à temps. Les violences continuent; la résistance se prolonge; et las enfin de leurs inutiles efforts, les malfaiteurs se retirent, en laissant aux époux Auzanne tous les honneurs d'une courageuse défense. La procédure désigne l'accusé *Plissier* comme celui qui a tiré le coup de feu dans cette circonstance.

Tel est le résumé des actes criminels par lesquels les accusés et leurs complices préludaient à d'autres forfaits plus grands. Les destructions de clôture, les violations de domicile, les menaces et les mauvais traitements envers les personnes; l'enlèvement des armes et des munitions destinées à produire de plus cruels malheurs, tout cela n'était que le début de leurs projets ; ce début annonce assez tout ce qu'on devait craindre d'eux, si ces malfaiteurs, une fois déchaînés, pouvaient en venir à la réalisation complète de ce qu'ils avaient rêvé.

L'heure s'avançait à grands pas, et le rendez-vous appelait déjà les insurgés aux plaines de Trelazé. Selon l'information, plus de six cents hommes s'y trouvèrent réunis vers deux heures du matin. La commune des Ponts-de-Cé avait fourni son contingent. Quarante individus au moins, munis presque tous d'armes à feu, s'étaient rassemblés sur les bords de l'Authion, et de là s'étaient dirigés vers le lieu de la réunion générale.

C'est alors qu'on voit les chefs principaux partager en sections cette armée sans discipline. Là se distinguent les accusés *Pasquier, Deshayes, Bazille (Jean), Lapierre, Auray, Bardou, Manceau, Gazeau, Coué, Martineau (Pierre)*, et le premier de tous, *Attibert*. Un roulement de tambour que fait entendre *Joseph Martineau* impose un instant le silence, et *Attibert* prononce cette harangue que nous avons rapportée, et dans laquelle il appelle au pillage et au vol toute cette horde désordonnée.

Le moment est venu ; on marche sur Angers, et le long de la route se commettent de nouveaux actes de violence contre les habitants demeurés tranquilles jusque-là. En tête de la colonne ont été placés tous les hommes les mieux armés, les plus résolus sans doute. Ils escortent la charrette remplie d'armes et de munitions, dont l'accusé *Hamard* est toujours le conducteur, et sur laquelle *Girouard* se fait traîner, parce qu'il ne marche qu'avec peine.

On arrive à la ville ; on pénètre dans le faubourg de la Madeleine ; c'est là que doivent se trouver réunis les conjurés d'Angers. On parvient à son extrémité, jusqu'au pont placé sur le chemin de fer. Là se manifeste un instant d'hésitation et de trouble, car les complices de la ville ne paraissent point. Tandis que l'on délibère, quelques hommes armés de sabres et de haches profitent de ce temps d'arrêt pour aiguiser ces armes sur les pierres du parapet du pont....

Bientôt on a pris le parti de détourner la marche et de se diriger par la rue Hannelou vers le Champ-de-Mars, où l'on espère retrouver les *frères* et *amis*. La charrette aux poudres s'engage dans cette direction, toujours entourée d'hommes armés, et la bande entière va suivre.... Mais l'instant décisif était venu, l'instant qu'attendait l'autorité pour l'exécution des mesures prises par elle. Un signal est donné par le général d'Angell lui-même ; et la troupe, embusquée dans la rue Bressigny, se précipite, au pas gymnastique et la baïonnette en avant, sur les flancs de cette bande, qui fuit aussitôt éperdue, et se disperse de tous côtés.

Grâce à cet heureux concours de circonstances que ne pouvait disposer à elle seule la prévoyance humaine, pas un coup de feu n'a été tiré par les agresseurs ainsi surpris et déconcertés, pas une blessure n'a été produite ; la lutte a été étouffée avant de naître, et le courage de nos jeunes et valeureux soldats n'a eu qu'à se montrer pour disperser cette horde, armée, nous l'avons dit, plutôt pour le vol que pour le combat.

Dans cette fuite désordonnée, un grand nombre d'arrestations ont été faites par la troupe, par la gendarmerie, par la police, sous les yeux et la direction des magistrats eux-mêmes. Nous ne citerons ici que ceux des accusés contre lesquels la Cour a fait un chef d'accusation d'avoir été saisis sur le lieu de la sédition : ce sont les nommés *Fouin, Hamard, Houdebine, Ubarin père, Ubarin fils, Lemeunier, Maillard* et *Maurat.*

Sans vouloir analyser d'une manière complète tous les incidents qui se sont produits alors, il est un épisode dont nous ne devons pas négliger de parler ici. Placée en tête de la colonne même, la charrette aux munitions et aux armes était déjà engagée dans la rue Hannelou, au moment de l'apparition impétueuse et subite de la force publique. Elle avait donc pu s'avancer vers l'intérieur de la ville, toujours escortée d'hommes armés ; et déjà elle était parvenue près de la place du Ralliement, lorsqu'un inspecteur de police, le sieur Picherit, qui poursuivait de ce côté quelques fuyards, aperçut dans l'ombre cette charrette et son escorte. Aussitôt ne consultant que son courage, il s'élance, le sabre au poing, en criant : *A moi, la garde !* l'épouvante se met à l'instant parmi ceux qui composent l'escorte ; ils s'enfuient à toutes jambes; et le sieur Picheril, resté seul, s'empare de la charrette, qu'il amène triomphalement dans la cour de la Préfecture. Elle était remplie des objets que nous avons indiqués.

Nous n'entrerons pas davantage dans les détails des événements qui ont suivis cet instant suprême d'une crise aussi pleine d'émotions. Les agents de la force publique ont redoublé d'activité tous ensemble, et les magistrats ont multiplié leurs efforts. En quatre jours une grande partie des coupables a été placée sous la main de la justice. Mais la ville avait ressenti une commotion qui devait se propager dans le pays entier; un de ces actes inouïs, en raison de leur audace et de la portée désastreuse qu'il pouvait avoir, venait d'être commis ; la magistrature supérieure ne devait pas rester indifférente, elle a jugé que son intervention était commandée par les circonstances ; et la Cour impériale d'Angers a , par son arrêt du 51 août, évoqué la connaissance de tous les faits qui se rattachent à cette déplorable insurrection.

Bientôt la culpabilité d'un nombre déjà considérable d'inculpés lui a semblé suffisamment établie pour statuer à leur égard; et il n'a pas paru indispensable d'attendre que le sort préliminaire des autres fût réglé, tandis qu'une prompte justice était exigée par le plus sérieux intérêt. Cinquante-neuf accusés ont donc été renvoyés d'abord devant les assises; tous ont évidemment participé à l'attentat qui avait pour but de porter la dévastation, le massacre et le pillage dans la ville d'Angers; parmi eux, en outre, quarante-trois ont porté des armes dans le mouvement insurrectionnel; et de plus, l'accusation relève contre le plus grand nombre d'entre eux, les crimes particuliers dont les charges ont apparu dans cette rapide analyse des faits.

Aujourd'hui ces hommes sont devant leurs juges, devant les juges du pays ; les Magistrats en les y amenant ont accompli loyalement leur devoir : c'est désormais au jury à remplir le sien avec une juste fermeté.

L'attentat commis contre la ville d'Angers, dans la nuit du 26 au 27 août dernier, avait créé pour les Magistrats de longs et impérieux devoirs. Par leurs soins, bientôt plus de deux cents inculpés avaient été placés sous la main de la justice, et appelés à rendre compte des actes criminels qu'ils avaient accomplis dans cette nuit fatale. Une procédure volumineuse se développait chaque jour davantage au milieu des détails infinis qu'accumulait l'action judiciaire et que fournissaient incessamment des crimes aussi multipliés et des coupables aussi nombreux.

Peu de jours avaient suffi pour régler le sort préliminaire d'un nombre important d'inculpés. Quarante-huit avaient été renvoyés devant la juridiction correctionnelle, devant laquelle ils ont comparu pour affiliation à la société secrète de la *Marianne*; et quelques jours plus tard, cinquante-neuf autres étaient, par un second arrêt, renvoyés aux Assises comme auteurs de l'attentat et des crimes spéciaux qui l'avaient accompagné.

Toutefois, on était loin encore d'avoir de la sorte atteint tous les coupables. Un ardent besoin de justice avait conduit les Magistrats à statuer aussitôt qu'il leur avait été possible, sur les charges établies contre un grand nombre de détenus; et néanmoins l'information continuait son œuvre à l'égard des autres avec persévérance et dévouement.

2

Ces longs et pénibles travaux, qui donneront à la société les moyens de rejeter de son sein les audacieux qui ont porté sur elle une main parricide, ont permis encore de conduire trente-cinq nouveaux accusés devant la justice du pays.

L'accusation à leur égard ne s'est pas amoindrie ; ils ont commis, comme les premiers, ce même crime d'attentat, qui avait pour but de porter dans notre ville la dévastation, le massacre et le pillage ; tous sont venus vers Angers avec les armes les plus dangereuses, avec les résolutions les plus criminelles ; et de plus, pour certains d'entre eux, la justice relève à leur charge plusieurs crimes de pillage ou de violences, semblables en tous points à ceux qui figuraient dans les qualifications du précédent arrêt.

Ainsi, nous rencontrons en première ligne *Etienne Chevret*, qui a, de son propre aveu, pris sa part dans l'attaque et le pillage de la caserne de la gendarmerie à Trelazé. « On s'y portait, dit-il lui-même, pour y *faire le carnage.* » — Il convient, en outre, avoir fait partie des bandes armées, qui sont allées envahir et dépouiller de leurs armes et de leurs munitions, les maisons du sieur Marsille et du sieur Vincent. Dans chacune de ces deux circonstances, les violences les plus coupables ont été employées : chez Vincent, une clôture à claire-voie a été brisée ; chez Marsille, un des assaillants s'est précipité sur lui avec une épée, et il n'a évité le coup dont il était menacé, qu'en se jetant lestement à l'écart. — *Chevret* reconnaît encore qu'il est venu à Angers armé d'un poignard ; et cette arme avait été préparée par lui depuis plus de deux ans, dans la prévision, dit-il, du soulèvement qui vient de s'opérer.

Richard (Jean) a joué un rôle actif dans le pillage des magasins de la carrière des Fresnaies et dans l'enlèvement de poudre qui s'y est accompli. Il a tenu, du reste, depuis l'événement, un propos odieux qu'il dénie, mais que rapportent plusieurs témoins : il a exprimé le regret que l'on n'eût pas, pour mieux assurer le succès, allumé l'incendie aux quatre coins de la ville.

Les époux Gaspalon, qui se sont trouvés sur le passage des

bandes insurgées, ont été de leur part victimes de violences toujours analogues. Leur maison a été envahie; un fusil de munition avec sa baïonnette, un sabre et une broche à rôtir ont été enlevés par les assaillants. Le fusil a été pris par *Besnier*; et *Hiver*, armé d'un bâton, proférait pendant ce temps des menaces contre la femme Gaspalon.

Louis Flon était parmi la bande qui envahit le domicile du sieur Mariette, et dans laquelle figuraient, armés de sabres, *Pointeau et Gavalan (Jean)*, accusés de la première catégorie. Mariette prétendait n'avoir pas d'armes en sa possession; *Flon* alors affirma qu'il avait un pistolet et qu'il l'avait vu s'en servir. L'arme cependant ne fut pas découverte.

Chez le sieur Boisnard, l'accusé *Cordier* s'est présenté assisté de trois complices munis déjà d'armes à feu. *Cordier* a réclamé à son tour le fusil de Boisnard; et la demande a été faite sur un tel ton, dit le témoin, qu'il n'a pas cru pouvoir refuser. *Cordier* a été arrêté au milieu des insurgés, à l'entrée de la rue Bressigny.

De son coôté, *Chauveau (Jean)* a été arrêté rue Hannelou, par l'inspecteur de police Martin. Il était alors armé d'un sabre briquet nouvellement affilé, et il reconnaît l'avoir pris en sortant de chez lui pour se joindre aux insurgés. Des témoignages précis ont signalé cet accusé comme étant l'un des chefs du mouvement, et ayant exercé un commandement à la réunion sur les plaines de Trelazé.

Goré (Adolphe) est boucher, en même temps qu'ouvrier de carrière. Il avait pris à l'épaule une carnassière dans laquelle étaient un pistolet, des cartouches et ses couteaux de boucher; il a même offert d'en remettre un au témoin Ventreau qui l'a refusé. — Vers une heure du matin, *Goré*, armé d'un sabre, s'est introduit, à la tête d'une bande, au domicile du sieur Niquet, qui s'est vu forcé de marcher avec les assaillants. Selon ce témoin, c'était *Goré* qui commandait cette bande, et se tenait en serre-file pour hâter les retardataires.

Duveau est un ancien tambour de la garde nationale. Dans l'insurrection, il était porteur de sa caisse; et après la dispersion des insurgés, il battait le rappel dans la rue de la Madeleine, afin de les ramener à une nouvelle attaque. Il prétend avoir été contraint à cette action; plusieurs témoins affirment au contraire qu'ils ont été obligés de lui imposer silence.

Baudouin a été arrêté près le Lycée, porteur d'un poinçon disposé en forme de poignard.

Briand, Chotard, Juteau et Gavalan (*Julien*) l'ont été également, munis, les deux premiers de fusils, le troisième d'un bâton ferré et le dernier d'une broche à rôtir.

Bazot a tenu, avant et après la nuit de l'insurrection, les propos les plus menaçants et les plus coupables, disant la veille, qu'il avait pour sa part deux pistolets chargés; et le lendemain, que l'on n'attendait, pour recommencer, que les ouvriers d'une localité voisine. Les deux pistolets dont il avait parlé ont été saisis à son domicile.

Bourgneuf, ancien condamné de la *Marianne*, est sorti de chez lui armé d'une faux, pour se joindre aux insurgés qui passaient devant sa porte.

Dans la matinée du lundi 27, au moment où les insurgés se dispersaient dans la ville, l'accusé *Cochin* parcourait les rues avec un fusil, en appelant les ouvriers à la révolte. Son fusil a été saisi chez une femme Lepecq, où il était allé le déposer.

Carlos et *Voisine* sont venus jusqu'au pont Saint-Joseph, armés, le premier, d'une carabine de gendarme avec buffleteries jaunes et garnie de sa baïonnette; le second, d'un fusil à baïonnette également, qu'il avoue avoir jeté dans la campagne en fuyant.

Quant à *Vivant*, il a été vu dans les bandes, armé d'un sabre à deux tranchants. Cet homme est signalé pour l'exaltation de ses opinions et la violence de son langage. Sa conduite privée est loin d'être honorable.

Tel est l'ensemble des faits reprochables à une partie des accusés, que l'instruction a placés dans une position isolée quant à certains actes, bien que reliés tous ensemble par la commune pensée de l'attentat. — Une autre partie semble avoir agi avec une unité plus grande et un lien plus intime : elle se compose du contingent qu'a fourni à l'insurrection la commune des Ponts-de-Cé.

Chacun connaît la physionomie pleine d'animation de cette petite ville, assise à cinq kilomètres d'Angers, sur les deux rives et les îles de la Loire, qu'elle relie entre elles par une suite de ponts auxquels elle doit son nom. L'activité et l'intelligence de sa population expliquent l'air d'aisance que l'on a toujours remarqué au milieu d'elle; et, depuis quelques années, les importants travaux exécutés par le gouvernement pour la reconstruction des ponts anciens, étaient venus ajouter puissamment encore aux avantages dont elle avait toujours joui.

En présence de cette situation privilégiée en quelque sorte, et des faveurs que lui avait accordées le pouvoir, en consacrant des sommes immenses aux travaux qui avaient tant d'intérêt pour elle, ne doit-on pas s'étonner, s'indigner même, de rencontrer dans son sein tant d'hommes imbus des plus détestables doctrines, et se liguant perfidement dans l'ombre pour conspirer contre tout pouvoir, contre la société elle-même, à qui chacun d'eux doit les sacrifices dont il tire profit chaque jour?

Tels sont toujours et partout les enseignements et les exigences de la *Marianne*. Conçue et formée d'abord par ceux qui, n'ayant rien, ne songent qu'à la violence et au désordre pour accaparer quelque chose, elle a bientôt invoqué l'appui et entraîné vers elle quelques-uns même de ceux dont un honnête travail fait l'aisance; et lorsqu'elle s'est sentie déjà développée et plus forte, elle en est venue promptement à intimider ceux à qui elle s'est révélée, au point de faire dire lâchement à l'un des inculpés de cette vaste procédure, qu'il ne s'était affilié à la *Marianne* que pour n'être pas lui-même pillé par elle à son tour.

Ainsi s'explique ce travail envahisseur et souterrain que nous sentions se faire autour de nous depuis quelques années, et contre lequel la justice demeurait à peu près impuissante. Ainsi se sont trouvés pervertis et liés par d'abominables engagements, des hommes, à qui l'on a fait oublier leurs principaux devoirs et méconnaître leurs plus chers intérêts; à qui l'on a persuadé que le trouble et les bouleversements pourraient rendre meilleure une condition, que l'ordre seul et la tranquillité font heureuse, et qui se sont mépris au point d'espérer trouver à leur tour le repos et la richesse dans la violence et la dévastation.

Nous voyons, dans les Ponts-de-Cé, la *Marianne* organisée sur une vaste échelle. Toutefois, un certain nombre de ses adeptes, conduits devant la justice, ont promptement compris l'erreur et le danger de leur position ; et leur repentir a produit des aveux qui sont venus éclairer la justice sur les ténébreuses menées qu'elle poursuit.

C'est ainsi qu'elle connaît aujourd'hui d'une manière irrécusable ce qui s'est accompli aux Ponts-de-Cé dans la nuit néfaste du 26 au 27 août, aussi bien que dans la journée qui l'a précédée.

La procédure avait constaté qu'à son retour de Paris, où il s'était rendu pour prendre le mot d'ordre, *Secrétain* avait été entendu, dans la journée du dimanche 26, dire qu'il se dirigeait à ce moment vers les Ponts-de-Cé. Qu'il y soit venu en effet, ou qu'il ait chargé quelque affidé de cette mission, il est certain du moins que l'ordre du soulèvement pour le soir a circulé rapidement aux Ponts-de-Cé pendant cette journée. L'un des accusés est surtout signalé pour l'initiative qu'il a prise à cet égard et l'activité qu'il a déployée. C'est *Gaignard* (*Noël-François*), ouvrier de carrière, et qui demeure à Angers. C'est lui qui s'est rendu aux Ponts-de-Cé le dimanche, et qui a donné le mot d'ordre partout. Aussi nous voyons dans l'après-midi les affiliés de la *Marianne* échanger l'engagement du rendez-vous pour le soir, et faire dans ce but tous leurs préparatifs.

Ce fut principalement à la société du *Champ-d'Asile*, dont *Sébastien Réveillon* était concierge, que se réunirent d'abord les conjurés ; mais de ce point, comme de chacun des autres lieux de réunion, chacun partit vers dix heures pour aller au rendez-vous général, qui avait été fixé sur les bords de l'Authion. Là, par les soins actifs de *Loiseleur,* de *Rohard,* de

Soyer, de *Deslandes* et des frères *Réveillon*, se trouvèrent bientôt réunis environ quarante individus, dont un certain nombre étaient armés.

Legangneux et *Bellanger* avaient des fusils, et tous les deux ont avoué qu'ils les avaient chargés à balle. Les frères *Réveillon* étaient armés de la même manière; et de plus *Sébastien* avait un sabre. *Tiberge* portait également un fusil; *Gaignard, Loiseleur* et *Soyer*, des pistolets. *Béziau* et *Coulbault* étaient armés de sabres; *Deslandes* s'était muni de deux couteaux de cuisine, dont l'un lui avait été prêté par *Coulbault. Buleau* se trouvait porteur d'un instrument que les témoins ont désigné tantôt comme un bâton, tantôt comme un hachoir, et qui n'était autre chose que la masse dont il se sert dans ses travaux de terrassement. *Bignon* enfin s'était armé de la baïonnette du fusil de *Legangneux*; et *Dorgigné*, selon un témoin, avait dans les mains une arme courte; on n'a pu dire si c'était un pistolet ou un poignard.

A cette nomenclature il convient d'ajouter *Dauphin*, parti de chez lui une hache sur l'épaule, et retrouvé encore avec cette même arme, auprès du pont Saint-Joseph, au moment de la dispersion des bandes armées.

Tandis que sur les bords de l'Authion s'opérait peu à peu le rassemblement convenu, deux des accusés faisaient faction avec leurs armes, pour empêcher de se retirer ceux qu'auraient pu ébranler les projets dont on parlait ouvertement. Il n'était point, en effet, question à ce moment d'une augmentation des salaires, ou d'une démarche, tardivement alléguée, pour la diminution des subsistances; c'était la ville d'Angers qu'il s'agissait de prendre et de ravager; c'était l'autorité que l'on voulait détruire, et la fortune des riches que l'on méditait de s'approprier. C'est *à notre tour de devenir les maîtres,* disaient hautement ces insensés; et dans l'avenir impossible qu'ils songeaient à réaliser, les uns se déchargeaient de leurs dettes, les autres s'attribuaient les équipages et les livrées; d'autres enfin plus ambitieux se distribuaient à l'avance les places et les honneurs; sans songer, sans se dire qu'ils ne

marchaient tous ensemble qu'à la destruction et l'anéantissement de tout ce qui faisait ainsi l'objet de leur ardente et folle
convoitise.

Ce fut au milieu de ces rêves désordonnés que se fit entendre tout à coup le tambour aux plaines de Trelazé. La bande
partit aussitôt pour rejoindre les ouvriers de carrière réunis
en grand nombre, et partager leurs tristes exploits.

Lorsqu'on arriva sur les plaines, la nuit avait marché déjà,
et les actes de violences dont la commune de Trelazé a été
victime étaient accomplis : la caserne de gendarmerie avait été
saccagée, les magasins de l'Hermitage et des Fresnaies dépouillés des munitions et des armes qu'on y avait trouvées, et que
portait aux yeux de tous la charrette conduite par *Hamard.*
D'autre part, les maisons des habitants paisibles avaient été
forcées, envahies, et leurs armes prises ; et chaque bande nouvelle qui survenait, arrivait chargée de ces odieux trophées,
qui devaient, produits de premiers crimes, servir à des crimes nouveaux et plus grands encore.

Les conjurés des Ponts-de-Cé n'ont point reculé devant la
solidarité de pareils actes. Il se sont mêlés à ces hommes, et
bientôt sont devenus aussi coupables qu'eux ; car après avoir
entendu le discours tenu par *Attibert,* et dans lequel celui-ci
les conviait tous au vol et au pillage, tous ont marché sur Angers dans ce but avéré ; et sur la route, on a continué partout
l'envahissement des maisons et l'enlèvement des armes par la
violence et la menace.

Si les accusés, dont nous nous occupons en ce moment,
n'ont pas été reconnus et désignés par les victimes de ces actes
sauvages, il ne saurait être douteux qu'ils n'y aient réellement
participé. Ce qui du moins est certain, c'est que tous, armés
comme nous l'avons dit, résolus et préparés comme l'annon-
çait leur langage antérieur, sont venus jusqu'à la ville, mar-
chant en tête de la colonne, puisqu'ils ont évité le choc de la
force publique ; et que tous n'ont quitté leurs armes, qu'après
la dispersion complète de la horde dont ils faisaient partie.

Tous par conséquent sont coupables au même titre de l'attentat qui avait pour but de porter dans Angers la dévastation, le massacre et le pillage; tous ont porté des armes dans le mouvement insurrectionnel qui se proposait ce but odieux ; quelques-uns enfin ont pris, parmi les autres, un rôle spécial et plus criminel encore : ce sont ceux qui se sont montrés les chefs ou les directeurs du mouvement, qui y ont exercé une fonction ou un commandement quelconque. Nous avons déjà nommé sous ce rapport *Legangneux* et *Bellanger*; il nous faut signaler surtout *Béziau* et *Coulbault*, qui, selon la procédure, ont ouvertement, aux plaines de Trelazé, pris le commandement des pelotons formés sous les ordres d'*Attibert*.

Au moment de terminer cet exposé, nous devons dire qu'en bornant aux accusés déjà conduits devant le jury, le nombre de ceux qu'ils ont cru devoir déférer à la justice du pays, les Magistrats n'ont pas la pensée d'avoir atteint tous les coupables. Le crime qu'ils ont dû poursuivre a eu des proportions effrayantes et a compté des adhérents en nombre considérable. Ils ont la conviction du moins qu'aucun de ceux qu'ils accusent n'est innocent, et que parmi eux aussi figurent, sans aucun doute, ceux sur qui pèse la plus grande part de responsabilité. Ils ont l'entière confiance que le Jury remplira fermement la haute et noble mission qui lui est dévolue, de protéger et de préserver le pays, la société, et le gouvernement qui fait notre force; et qu'après son verdict, si quelques coupables ont échappé jusqu'alors aux poursuites de la Justice, les sévérités salutaires déployées contre ceux qu'elle a saisis, feront trembler et repentir les autres, dans l'ombre et le silence qui les aura protégés.

Angers. — Imp. de Cosnier et Lachèse.

RÉQUISITOIRE

PRONONCÉ PAR

M. EUGÈNE TALBOT,

AVOCAT-GÉNÉRAL.

Audience du 20 octobre 1855.

Avant de remplir auprès de vous, MM. les jurés, la mission qu'a bien voulu me confier l'honorable chef du Parquet de la Cour, permettez-moi d'exprimer un sentiment, qui doit être surtout le mien, qui sera le vôtre assurément et celui de tout le monde en cette enceinte : c'est le regret profond que la santé de M. le Procureur Général ne lui ait pas permis d'accomplir jusqu'au bout la tâche pénible, mais glorieuse, qu'a dévolue au ministère public l'attentat du 27 août dernier.

Dans les premiers débats de cette multiple affaire, vous avez entendu sa noble et puissante parole ; vous avez vu à quelle hauteur il a su placer les véritables questions de ce procès, — flétrissant avec une magnifique énergie les prétentions audacieuses et les aspirations criminelles de ces vulgaires malfaiteurs, qui s'intitulent fièrement les chefs d'une conspiration, — s'inclinant avec bonté, mais sans faiblesse, vers l'indulgence que sollicitaient pour quelques-uns des coupables, des égarements suivis de repentir.

Notre premier besoin, Messieurs, est d'invoquer en ce moment ces souvenirs, que nous sommes certain de retrouver palpitants dans vos esprits; et, loin d'éprouver les mesquines appréhensions d'une comparaison si redoutable, nous voulons au contraire placer, sous la protection de ces souvenirs eux-mêmes, les paroles que nous avons à faire entendre à notre tour, et la plus humble attitude qu'il nous convient de prendre, à la place que nous occupons, après celui qui est notre chef moins encore par le titre que par le talent.

Sous de tels auspices, Messieurs, nous nous présentons à vous avec confiance; nous nous sentons soutenu d'ailleurs par la grandeur et la sainteté de la mission que nous avons à remplir : n'avons-nous pas à flétrir un des crimes les plus grands que puisse redouter la société? N'avons-nous pas à combattre, suivant l'expression antique, pour nos dieux et nos foyers eux-mêmes, sur lesquels ces barbares d'un autre âge voulaient porter la profanation et le désastre? — Ah ! ne craignez pas que nous nous sentions défaillir ! et si notre voix a pour une telle cause des accents trop faibles, et notre pensée des images trop peu colorées, votre sentiment lui-même saura nous venir en aide; car ici nous faisons cause commune, et nous nous défendons ensemble contre nos plus dangereux ennemis.

Nous n'avons point à revenir en ce moment, Messieurs, sur l'ensemble de faits généraux que personne ne peut avoir oubliés. Leur physionomie a été trop accentuée et trop saillante pour que le souvenir s'en soit affaibli. Ce souvenir toujours vivant va planer sur les détails plus spéciaux que nous devons analyser rapidement devant vous, et dont chacun prendra facilement sa place et son importance dans vos sévères et justes appréciations. — Vous vous rappellerez toujours ce langage insensé, ces passions brutales et violentes, que l'on retrouve à tous les instants dans cette odieuse affaire, et dont chacun des actes que nous vous dénoncerons ne sont que la conséquence et l'inspiration. — De ces actes criminels autant qu'audacieux, il n'en est pas un qui ne converge au même but, et qui ne marche à l'accomplissement de la même pensée, celle qu'exprimait avec tant d'impudence, quoi qu'il en ait dit, l'un des chefs de ces malfaiteurs, lorsqu'il les conviait au vol et au pillage en les conduisant contre vous. C'est bien là en effet le but que l'on se proposait; c'est bien l'entraînement de la cupidité la plus basse et la plus odieuse, celle qui ne recule ni devant le sang et le massacre, ni devant l'anéantissement de la civilisation tout entière, pour arriver à la satisfaction même passagère des plus détestables instincts.

On a fastueusement prononcé les mots de politique, et de changement de lois et de gouvernement! — Mais ce n'est là qu'un mensonge et qu'un prétexte. Il n'est point de lois qui régissent le pillage; il n'est point de gouvernement qui se fonde sur le bouleversement et le désordre; — et vous avez dû voir avec stupeur, mais aussi avec le sentiment d'une révélation pleine de lumière, le langage de ces accusés de second ordre, qui, après ceux qui s'étaient constitués leurs chefs, sont venus immédiatement vous dire eux-mêmes qu'ils ne comprenaient qu'à peine les grands mots vides et sonores que ceux-ci venaient de prononcer.

Que venaient-ils faire alors, et pourquoi se levaient-ils? Pourquoi, quand on leur disait que la France entière était en révolution, prenaient-ils leurs armes et se ruaient-ils sur Angers? Ah! la réponse est partout dans ce procès : *Il est temps que nous soyons les maîtres*, disaient les uns! *Tout va être à nous*, disaient les autres. — *Demain, toutes les dettes seront payées et les comptes réglés. — Ton boulanger, tu n'as pas besoin d'acquitter son mémoire! — Cette voiture, après demain elle peut être à moi!* — Et puis : *Moi, je serai Préfet! moi, receveur général! moi, directeur des postes!* Et par dessus toutes les autres, une voix s'écriait : *La république démocratique et sociale est proclamée : nous pouvons piller, voler et tuer à notre aise!*

Ah, n'est-ce pas le cas de redire avec l'acte d'accusation : Insensés, qui, lorsqu'ils se distribuaient ainsi à l'avance places, honneurs et richésses, marchaient eux-mêmes à la destruction et l'anéantissement de tout ce qui faisait de la sorte l'objet de leur ardente et folle convoitise!

Ce langage, Messieurs, ces souvenirs doivent dominer vos esprits et diriger vos appréciations dans cette affaire. Ils sont le *criterium* de ce grand procès. Ils révèlent la pensée commune à tous les accusés ; et pas un de ceux qui sont venus ainsi vers nous les armes à la main, pas un seul ne peut se soustraire à cette solidarité crimidelle, échapper au stigmate infamant que leur impriment ces mots hideux : Vol, pillage et massacre! Oui, tous venaient vers la ville en pillards, en voleurs, en assassins!

Ah! qu'ils ne disent pas que, dans ma bouche, ces mots sont pour eux une insulte! L'insulte ne tombe jamais du siége que j'occupe. La mission que je remplis est trop haute et leur rôle est trop bas. Insulter même à ces hommes dégradés, même à ces criminels déchus et tombés à terre, cela est impossible! — Je cite leurs paroles; je révèle leurs desseins ; je qualifie leurs actes : si cela suffit pour leur sembler un outrage, ils se jugent eux-mêmes, et de ce procès alors, le dernier mot est dit.

Ainsi donc, aucun doute, aucune équivoque, aucune hésitation sur le caractère du crime, qui a été le crime commun à la fois à tous les accusés, que tous ont médité, conçu, accepté et commis. — Ils venaient pour saccager la ville, s'emparer de nos biens, sacrifier nos personnes ; c'est-à-dire, comme l'exprime la question première que vous avez à résoudre , porter dans notre ville la dévastation, le pillage et le massacre. Voilà l'attentat!

Hésiteriez-vous, Messieurs, à les en déclarer tous coupables? Mais où serait la vérité? où serait la justice? Pour la plupart d'entr'eux (29 sur 56), l'attentat est le seul crime qui leur soit imputé. Car le fait de port d'armes dans l'insurrection, l'exercice d'un commandement ou la circonstance de l'arrestation sur les lieux, ne sont en quelque sorte que le démembrement de l'attentat lui-même, dont ils impliquent l'existence et la responsabilité. Tous, excepté deux, Flon et Duveau le tambour, ont eu les armes à la main. Tous sont venus à Angers, et vous savez dans quelle pensée : à qui pardonnerez-vous un crime aussi odieux, aussi énorme? — Un vol, un simple vol de quelques francs, d'un objet de mince valeur, est réprimé tous les jours ; et le jury lui-même ne laisse guère impunis ceux qui lui sont déférés : Et l'attentat, qui avait pour but de porter dans une ville la dévastation, le massacre et le pillage, demeurerait sans châtiment pour quelques-uns de ceux qui l'ont commis! Cela est impossible !

Voudrait-on vous effrayer du nombre des condamnations ? Mais il faut s'effrayer avant tout du nombre des coupables ! Mais rappelez-vous, Messieurs, que ces misérables se sont rués sur nous par centaines ; que s'il en a été déféré 94 à la justice du jury, ce n'est qu'un bien petit nombre, sur la totalité des auteurs de ce crime épouvantable ! Comprenez que tous ceux qui sont rentrés dans leurs foyers sans nous avoir été spécialement signalés, s'applaudissent à cette heure d'avoir échappé à la justice ; et qu'il n'est pas sans danger que vous en augmentiez encore le nombre, par des décisions que n'inspirerait pas seule l'indulgence et qu'on devrait taxer de faiblesse.

On vous l'a dit déjà, Messieurs ; vous avez à remplir les plus grands devoirs qu'ait eus jamais un jury. Vous tenez dans vos mains l'avenir de nos contrées, leur sécurité, leur calme, — l'avenir peut être du pays tout entier. Voyez si vous voulez le risquer encore sur l'incertitude de la résistance et le danger du soulèvement de ces passions odieuses ; — ou s'il vous plaît de l'assurer, en frappant aujourd'hui sans faiblesse, avec la conscience d'un grand et noble droit. C'est là qu'est l'alternative ! c'est là qu'est la question tout entière ! — La répression aujourd'hui, c'est le calme et la paix pour l'avenir ! — La faiblesse et la désertion du devoir, c'est le bouleversement sous nos pas, et la guerre sociale, plus cruelle, plus audacieuse, plus impitoyable que jamais !

A la suite de ces considérations générales, dont on appréciera la portée, M. l'avocat général rappelle au jury les faits spéciaux à l'accusation et particuliers à chaque accusé. Avant d'aborder ce qui concerne la série des accusés des Ponts-de-Cé, M. Talbot présente les observations suivantes :

Vous savez déjà l'invasion déplorable qu'y a faite la *Marianne* depuis quelques années. Là, comme ailleurs, c'est d'abord la partie mauvaise de la population dont elle s'est emparée ; puis bientôt le mal s'est agrandi ; les détestables doctrines se sont propagées, et elles ont perverti des hommes jusque là sages et laborieux, jusque là irréprochables. Nous connaissons au moins quarante affiliés à la *Marianne* dans cette ville qui touche à la nôtre et semble un de ses faubourgs. Tous ont pris part à l'insurrection ; et sans aucun doute nous eussions pu les conduire tous devant vous ; mais nous ne l'avons pas voulu, et je dois vous donner le motif de cette résolution.

Vous avez dû remarquer souvent, au cours de ces débats, combien la magistrature était empressée de saisir les occasions où la mansuétude et l'indulgence lui étaient permises ; et partout où le repentir s'est manifesté, elle a été heureuse de l'accueillir et d'en tenir un large compte. Ainsi, lorsqu'appelé devant nous, un de ces hommes, convaincu d'avoir fait partie des bandes qui sont venues à Angers, a confessé sa faute et témoigné ses regrets, la franchise et la spontanéité des aveux nous ont fait douter de la perversité de l'acte accompli ; l'effroi témoigné de la faute commise nous a persuadés que l'on n'en avait pas sondé à l'avance toute la profondeur ; et nous n'avons pas regardé comme coupables de l'attentat ceux qui dès le premier moment ont manifesté l'horreur que l'attentat leur inspirait.

C'est ainsi que vous avez vu venir à votre audience, jouissant encore de leur liberté, des hommes que leur affiliation à la *Marianne* avait entraînés dans les rangs des insurgés. Mais ceux-là ont détesté cet entraînement lui-même et rompu énergiquement avec un passé et des obligations qui ne les liaient qu'à des actions honteuses et coupables. Ils ont compris qu'un serment même ne doit pas être respecté, quand il n'a que le mal et le crime pour but, et que les devoirs de la conscience et de l'honnêteté sont toujours supérieurs aux promesses, aux serments mêmes, lorsqu'on ne les a faits qu'en vue d'accomplir un acte criminel.

Ceux qui se sont ainsi nettement dégagés du serment abominable que la *Marianne* avait exigé d'eux, en comprenant bien qu'un pareil serment ne pouvait être obligatoire, ceux-là seront traités avec indulgence, même par les juges auxquels ils auront à rendre compte de l'avoir un instant accepté.

D'autres, au contraire, ont persisté dans le mal, et nous les soumettons à votre justice. Ceux-ci sont restés pervers, et vous devrez les punir. Vous les avez vus en effet, tous, sans exception, nier les faits les mieux avérés, et ne répondre que par des démentis absurdes aux charges les plus accablantes, à l'évidence la plus irrésistible. Nous vous les livrons, Messieurs, ou plutôt ils se livrent eux-mêmes, et vous n'aurez aucun embarras à les juger.

M. l'avocat général développe l'accusation relative à chacun des accusés de cette catégorie, et il continue :

J'en ai fini, Messieurs, avec les détails de cette affaire, avec l'analyse, je ne dis pas la discussion des faits : car il m'a suffi d'en présenter le simple récit à vos souvenirs pour établir la culpabilité de tous les accusés.

Cette culpabilité a des degrés divers sans doute; Je crois les avoir suffisamment fait ressortir; et si je n'ai pas prononcé le mot de circonstances atténuantes pour quelques uns des accusés, la pensée en apparaissait suffisamment dans mes paroles, et j'ai voulu à cet égard vous laisser une entière initiative.

Ces hommes sont tous de la *Marianne*. Presqu'aucun ne l'avoue : ils en sont tous !

Pour la plupart, j'en ai la preuve. Pour les autres, je dirai, en me servant à mon tour d'un mot justement célèbre, pour les autres je ne le sais pas : je l'affirme.

Je l'affirme, et voici pourquoi. C'est la *Marianne*, nous le savons tous, qui a organisé et exécuté l'insurrection du 27 août. C'est elle qui a répandu le mot d'ordre et donné le signal. Partout elle est allée chercher ses adeptes, rappeler à ces malheureux, leur abominable serment, et leur assigner impérieusement le rendez-vous.

A cet appel, tous ont obéi, tous, vous l'entendez, Messieurs. Aucun n'a cru pouvoir se soustraire au fatal engagement. Tous sont venus en vertu du serment, et sont allés jusqu'au bout pour lui demeurer fidèles. — Nous savons des hommes que l'on a appelés aussi et contraints de marcher à la suite de l'insurrection ; mais ceux-là, que ne liait pas une affiliation secrète, se sont révoltés contre les abominations dont ils ont été bientôt les témoins ; et, dès qu'il leur a été possible, ils se sont dérobés à la contrainte que l'on avait exercée sur eux. — Le serment de la *Marianne* était seul, aux yeux de ses membres, un lien irrésistible. Ceux-ci l'ont ainsi compris : ils s'y sont soumis jusqu'à la fin, jusqu'au crime, jusqu'à l'attentat.

Ils sont donc de la *Marianne*, malgré les dénégations qu'ils opposent à ce reproche ; et s'ils le nient, c'est qu'ils se sentent liés encore par elle ; c'est qu'ils tiennent encore du serment qu'ils ont prêté. Elle leur a défendu la divulgation sous peine de mort ; et ils refusent de la divulguer sous peine de l'honneur et de la liberté.

Voilà pourquoi, Messieurs, nous signalons ces hommes à votre justice, à votre sévérité. C'est que loin de reconnaître leur crime, loin de s'en repentir, ils y persévèrent, et gardent leur abominable engagement. La *Marianne* les a entraînés, déshonorés, perdus : ils lui gardent fidélité. Elle leur a fait fouler aux pieds, non seulement les lois de leur pays, les lois naturelles, les lois de l'honneur, mais leurs intérêts et leurs familles, mais les affections qui sont le plus chères au cœur de l'homme ; ils ont tout méconnu, tout oublié, tout sacrifié par elle : c'est à elle seule qu'ils jurent encore affection et dévouement.

C'est là ce qui les rend indignes de votre indulgence, Messieurs, indignes de votre pitié.

Ajouterai je : c'est là ce qui les rend dangereux ? Ah ! sans doute! dangereux, vous l'avez vu, non pas seulement pour le gouvernement que la *Marianne* veut abattre, pour nos lois qu'elle veut changer, mais pour nos biens qu'elle aspire à prendre, pour nos. existences qu'elle a juré de sacrifier. La *Marianne* a voué une guerre implacable à tout ce que nous aimons, à tout ce qui nous est précieux, à ce qui est nous-mêmes ; et, suivant le mot de l'un des accusés précédents que l'on ne doit pas oublier, parce que nous ne sommes pas avec elle, elle se propose de nous supprimer : Eh bien, soit! la guerre pour la guerre! Votre Société infâme veut tuer la nôtre: nous tuerons votre Société. Elle veut tuer la nôtre par le guet apens, le vol, l'assassinat : nous tuerons la vôtre par la loi qui nous arme, par l'honneur, le droit, la loyauté qui sont pour nous, — avec Dieu!

Ah! l'un des vôtres l'a dit encore à cette audience, et je recueille ses paroles. Il est le seul peut-être de tous, qui ait su mettre quelque intelligence au service d'une perversité qui vous est. commune à tous. Secrétain a dit : « une Société comme la *Marianne* n'est plus à craindre quand on la connait; son secret seul faisait sa force. » Et il avait raison! Quand une pareille infamie est dévoilée et connue, ah! je veux le croire pour l'honneur de mon pays, pour l'honneur de l'humanité, elle est perdue, elle n'a plus de puissance. Ce n'était que dans le mystère qui couvrait sa honte, ou dans l'orgie qui la déguisait, qu'elle pouvait agir et se mouvoir. Mais, comme ces bêtes immondes dont on doit redouter la blessure et le venin dans l'ombre où elles se cachent, dans la fange où elles se plongent, il nous sera facile, en la traînant au grand jour, de l'écraser sous nos pieds.

J'amène donc au grand jour de votre audience, et je dénonce à votre justice ces hommes incorrigibles, ces impénitents obstinés, qui gardent leur affreux serment, et demeurent fidèles aux crimes qu'ils ont médités, à l'attentat qu'ils ont commis. Indulgence et pitié sans doute pour le repentir et les larmes; mais justice seulement, justice pour le crime audacieux et persévérant! Là est le salut! Là seulement est la sécurité!

Mais — quelle perversité profonde est celle de ces hommes! quel déplorable aveuglement! quelle injustice! — Ils n'ont qu'injure et que haine pour la société, et ils ne veulent pas reconnaître qu'elle seule les protége et les fait vivre. Ils ne veulent pas se souvenir que les bouleversements et les révolutions n'ont fait qu'augmenter leurs souffrances ; que le calme, la paix et la stabilité les ont seuls adoucies, en leur donnant le travail qui, pour quelques-uns, a été la source d'une sorte de richesse, pour beaucoup d'une aisance relative, pour les autres la satisfaction de leurs besoins. Ils veulent la combattre, la renverser, changer ses bases ; retourner en quelque sorte l'édifice social et mettre les fondements à la place du faîte ; faire tenir — ainsi qu'on l'a judicieusement déjà dit, — faire tenir la pyramide sur son sommet comme base, en plaçant sa base au sommet. Insigne et triste folie! déplorable méconnaissance de toutes les lois naturelles, des lois de cette gravitation sociale, qui fait que tout revient à sa place, même après les cataclysmes et les bouleversements !

Et quand un jour ils réussiraient enfin dans leurs irréalisables projets, se sont-ils démandé, ces pauvres insensés, ce qu'il en arriverait alors? Quoi donc! leur pensée n'est pas seulement d'abaisser les grands et de ruiner les riches. Ils ne songent pas à rendre tout le monde humble et pauvre comme eux. Non! ce qu'ils veulent, c'est devenir riches en un jour à leur tour en usurpant les richesses; c'est encore, ils le disent, réduire à la détresse à leur tour ceux que le travail de leurs pères ou leur propre industrie ont élevés au-dessus d'eux.

Eh bien, soit! je le veux! Ils ont réussi! Les voilà riches, et vous pauvres; car la parole divine nous le rappelle, nous aurons toujours des pauvres parmi nous. La situation donc est renversée et les rôles sont changés. C'est vous, riches d'aujourd'hui, propriétaires en vertu du travail et de l'industrie, c'est vous qui désormais allez fouiller les carrières, creuser les mines, labourer la terre, travailler le fer ou le bois, — vivre enfin de votre labeur, comme ils l'ont fait eux-mêmes jusqu'à ce jour. Eux au contraire, ils vont devenir les maîtres, comme ils disent ; ils vont être propriétaires en vertu du pillage et du vol ; — ils vont, s'il en reste encore après de tels bouleversements, — jouir des honneurs, se répartir les places, savourer les richesses, se complaire dans nos biens, et se prélasser dans nos voitures, suivant leurs vœux d'aujourd'hui.

Qu'arrive-t-il alors? Pensent-ils donc pouvoir jouir en paix des fruits de leur injuste et criminelle conquête? S'ils ont changé les rôles, en devenant riches de nos dépouilles et nous faisant pauvres à leur place n'ont-ils pas à redouter de trop justes représailles? Espèrent-ils conserver alors le produit de leur usurpation violente, avec plus de calme et de certitude que nous ne le faisons aujourd'hui des légitimes conquêtes du travail, du mérite et de l'économie?

Ah! les pauvres d'alors auraient mille fois plus qu'eux raison de les envier, de les haïr, de les combattre, de les renverser à leur tour! Et alors — ils n'y ont pas songé — ce ne serait pas une révolution, ce serait une guerre perpétuelle; ce ne serait pas un changement, ce serait le désordre incessant et le bouleversement social en permanence. Ils veulent régénérer le pays : ils le jetteraient dans le plus profond abîme! Ils veulent changer nos lois : il n'y aurait plus ni loi, ni droit! Il y aurait la force, la violence, la lutte éternelle ; et les hommes ne se ménageraient même pas entr'eux, comme le font, dans les mêmes espèces, les plus sauvages, les plus cruels animaux !

Ah! je l'ai dit tout à l'heure, et cela sans doute est vrai : dépouillés par la violence de leurs possessions légitimes, devenus misérables à leur tour par le pillage et la déprédation, les riches d'aujourd'hui, pauvres alors, auraient bien le droit d'amasser dans leur cœur tout le fiel de la haine, toutes les ardeurs de la vengeance! — Mais, mon Dieu! en est-il donc ainsi maintenant? La haine que nourrissent ces hommes, cette guerre implacable qu'ils veulent faire à notre société, à nos lois, — quelle en est la cause, la cause légitime et juste? Je ne veux faire ici qu'une seule réflexion, qu'une seule réponse. Je ne veux pas discuter le droit, la justice, la légitimité de la propriété acquise. — Je ne veux parler que des sacrifices, de la pitié, de la commisération, de la sympathie dont ces ingrats sont l'objet de la part de ceux mêmes qu'ils attaquent et qu'ils haïssent !

Est-il un pays dans le monde où les classes pauvres soient plus secourues dans leurs souffrances que dans notre magnanime pays? Et encore est-il en France même une contrée où la charité, cette vertu du ciel, soit plus pratiquée, plus répandue, plus en honneur que parmi nous. Ah! je ne veux pas accumuler les souvenirs, et rappeler un passé qu'ils doivent connaître mieux que nous : l'auteur du bienfait a seul le droit de l'oublier. — Non, je ne redirai pas combien, parmi les familles de ces hommes eux-mêmes, il avait été porté de secours et répandu d'aumônes avant leur odieuse révolte contre ceux qui avaient été généreux. Non! je ne veux dire que ce qui se passe encore à l'heure où je parle, à l'heure où la haine fermente encore dans des cœurs, qui devraient se fondre sous la reconnaissance et le dévouement.

Vos familles que vous avez trahies, vos enfants et vos femmes que vous avez abandonnés en vertu d'un abominable serment, privés désormais du fruit de vos travaux qui suffisait à les faire vivre, ils languissent et pleurent dans le dénuement cruel où les a plongés votre odieuse folie. Eh bien? qui vient à leur secours et les nourrit à votre place? Ceux-là mêmes que vous dites vos ennemis! Ce sont ceux que vous appelez vos maîtres et qui sont encore plus vos amis, ce sont ces riches que vous maudissez, ces fonctionnaires que vous attaquez, ce sont eux qui versent à pleines mains l'aumône où vous avez laissé la détresse. Le Gouvernement pour qui vous n'avez pas assez d'injures, la ville contre laquelle vous leviez ces armes ignobles, les associations elles-mêmes qui vous emploient et que vous voulez anéantir, partout la charité publique et privée s'évertue et s'ingénie; et, rassurez-vous, si vous avez encore quelques préoccupations pour elles, rassurez-vous, vos familles ne seront point abandonnées par tous, comme elles l'ont été par vous. Et je veux dire à vous, je veux dire à tous, ce qu'ont fait déjà pour elles ceux que vous haïssez et que vous insultez.

Pour subvenir aux besoins qui ne sont pas dus encore à la

saison rigoureuse, mais uniquement à votre seule indignité, les sociétés des ardoisières ont voté des fonds ; et de son côté, — qu'il me pardonne de proclamer tout haut ce qu'il fait en silence, — M. le Préfet, que vous reconnaîtrez, Messieurs, à ce nouveau bienfait, M. le Préfet a ouvert aussitôt sa propre bourse et versé dans le fonds commun une large et généreuse aumône. Et ce noble exemple est suivi ! Et ces fonctionnaires qui résistent à vos lâches agressions, ces magistrats qui vous punissent, ces riches que vous détestez, tous se réuniront pour vous secourir, et vous rendre de plus en plus coupables, je veux dire de plus en plus ingrats.

J'ai besoin maintenant, Messieurs, au moment d'en finir, d'insister encore auprès de vous sur les nécessités d'une répression sévère, et spécialement sur la légitimité de cette répression.

Les plus grands criminalistes et les philosophes ont recherché, dans leurs méditations théoriques, d'où procédait le droit de punir. Dans ces recherches, ils ont remonté jusqu'à l'origine des sociétés humaines. Ils les ont vues se former par l'agglomération d'individus jouissant jusqu'alors d'une liberté, d'une indépendance absolue ; mais venant un jour engager une partie de cette liberté dans une convention réglée, qui avait pour but de protéger des intérêts et des avantages communs à tous. A cette convention, qui donnait la protection en échange du sacrifice, quiconque viendrait à manquer, se soumettait à l'avance à un châtiment, qui devenait pour tous une loi, un gage, une garantie. — Ainsi se serait établi, selon eux, la légitimité de la peine, de celle même qui va jusqu'à ravir au contempteur de ces conventions sacrées, l'existence qu'il n'a reçue que de Dieu.....

Quelle que soit, Messieurs, la certitude ou le bonheur de cette théorie, avons-nous besoin de nous y réfugier aujourd'hui ? Et n'est-il pas un droit plus absolu, plus irrécusable, qui, dans cette circonstance, plus que jamais dans toute autre, arme vos mains et rassure vos consciences ? Je veux dire le droit de la légitime défense.

Que des malfaiteurs se réunissent, s'arment et s'embusquent sur votre chemin pendant la nuit, pour vous surprendre à votre passage, se ruer sur vous, et vous assassiner pour vous voler plus sûrement ensuite : les laisserez-vous faire? Ne repousserez-vous pas la force par la force, l'agression par la défense, l'assassinat dont on vous menace par l'extermination même du forcené qui lève le bras sur vous ?

Ce droit de défense n'est-il pas légitime, n'est-il pas sacré? Je dis plus : ce droit n'est-il pas un devoir? Et ne pas user de ce droit, ne pas remplir ce devoir, ne serait-ce pas une désertion, un suicide; c'est-à-dire, ce qu'il y a de plus lâche aux yeux du monde, ce qu'il a de plus coupable aux yeux de Dieu?

Ah! ce droit suprême de la légitime défense, où jamais le rencontrerez-vous, Messieurs, mieux défini, plus nettement, plus impérieusement établi que dans cette affaire? Ces assassins, que je vous représentais tout à-l'heure, avaient-ils des desseins plus dangereux et plus coupables que ces hommes? Ceux-ci, — comme je vous montrais les autres, — ne se sont-ils pas réunis dans l'ombre? ne se sont-ils pas armés? ne sont-ils pas venus vers nous pendant la nuit? N'ont-ils pas voulu profiter de notre sécurité, de notre repos, pour nous attaquer, et nous prendre — notre existence, si nous la défendions, — et nos biens, objet de leur criminelle convoitise? Quelle différence feriez-vous entre les uns et les autres, si les derniers avaient réussi? — Ils ont tenté d'appeler cela de la politique! Tenez! il s'en est trouvé plus d'un parmi eux plus sincères et plus vrais : il en est qui ont appelé cela nettement *tuer*, *voler* et *piller*! Eh bien, ils avaient raison, et leur langage était véridique.

Eh bien! alors, nous, traîtreusement attaqués ainsi, quel est notre droit, notre devoir? C'est celui de la légitime défense! C'est le droit et le devoir suprême ; ne pas le reconnaître et le remplir ne serait que désertion et lâcheté !

On vous dira peut-être : mais ces dangereux agresseurs, vous les avez vaincus et repoussés; vous les avez renversés à terre; et, le genou sur leur poitrine, les frapperez-vous sans pitié, quand ils sont à votre merci?

Frapper sans pitié, jamais! — Mais vous vous rappellerez, Messieurs, que, vaincus et terrassés qu'ils sont, ces hommes, presque tous, menacent encore! Vous n'oublierez ni les desseins mauvais où ils persévèrent, ni les espérances haineuses qu'ils nourrissent, alors qu'ils proclament eux-mêmes qu'une défaite ne saurait les abattre, et qu'un nouveau combat devra leur donner la victoire! Vous ne perdrez pas de vue surtout que derrière eux, désormais impuissants, se tiennent debout et menaçants leurs nombreux complices, que nous n'avons pu atteindre; que ceux-ci s'excitent à de nouveaux attentats; et qu'une seule chose au monde peut les arrêter, en les frappant d'effroi : votre justice impassible et rigoureuse.

Qui pourrait vous rendre hésitants d'ailleurs? Ce n'est point assurément l'énormité des peines. Nous n'avons point à réclamer ici, — et dans notre cœur nous en rendons grâce au ciel, — nous n'avons point à réclamer de châtiment suprême. Le sang ne doit point couler, même de ceux qui ont médité de répandre le nôtre. Nous leur avons dénié, nous leur déniions encore le titre d'hommes politiques; mais nous leur en accordons les bénéfices. Vous le savez, Messieurs, la loi politique leur sera seule appliquée, et la peine suprême est, en cette matière, supprimée de nos lois actuelles.

Resteront donc les peines politiques, à leurs divers degrés. D'une part, elles suffiront à protéger la société contre les nouvelles et persévérantes entreprises de ces coupables. De l'autre, ils n'auront point à se plaindre d'une semblable justice. Ils ont pris notre société en mépris et en haine ; elle leur est odieuse, ils n'en veulent plus. Elle a bien le droit de les rejeter de son sein, et ils devront la quitter sans regret et sans peine. S'ils en ont à souffrir, soit dans la perte de certaines espérances, soit dans le brisement de quelques affections, ils ne devront s'en prendre qu'à eux-mêmes, à leur propre violence, à leur détestable injustice.

Quant à nous, Messieurs, qui trouvons bonne encore cette

société, dont on dit tant de mal et contre laquelle s'accumulent tant de haines et d'efforts, serrons nos rangs et réunissons-nous pour la défendre, puisqu'on se réunit pour l'attaquer.

. . . .

Soutenons donc le pouvoir actuel qui nous soutient. Nous avons besoin d'unité et de force ; car, vous l'avez vu, nous avons de cruels et redoutables ennemis.

Angers. — Imp. de Cosnier et Lachèse.